Phineas Gage :
"L'homme qui a changé son cerveau"

"Photo provenant de la collection de Jack et Beverly Wilgus, et maintenant
au Warren Anatomical Museum, Harvard Medical School."

DROITS D'AUTEUR

"Phineas Gage : L'homme qui a changé son cerveau"

Introduction :

Au cœur des collines du Vermont, en cette journée de septembre 1848, Phineas Gage était simplement un
contremaître de construction de chemins de fer,
un homme au destin ordinaire. Cependant, ce jour-là,
le cours de sa vie et de l'histoire de la neuroscience a été
irrémédiablement modifié.

Chapitre après chapitre, nous allons plonger dans la vie de Phineas Gage, un homme dont le nom résonne encore à travers les siècles, non seulement pour avoir survécu à une blessure cérébrale extraordinaire, mais aussi pour avoir été le catalyseur d'une révolution dans notre compréhension du cerveau humain.

Chapitre 1 : La Vie Avant l'Accident

Portrait de Phineas Gage avant l'événement.
Sa vie personnelle, sa carrière, et comment il était perçu par ses proches et collègues.

Chapitre 2 : L'Accident

La journée fatidique où un simple chantier de construction est devenu le théâtre d'un événement extraordinaire. L'accident qui a propulsé Phineas Gage du domaine de l'anonymat à la renommée mondiale.

Et ainsi commence notre voyage à travers le temps, un voyage qui nous emmènera dans les méandres du cerveau humain, révélant des mystères inattendus et redéfinissant ce que signifie être humain.

Chapitre 3 : Survie et Premières Impressions

Le choc initial de la survie après une blessure aussi grave.
Les premiers signes de changements de comportement et de personnalité.

Chapitre 4 : La Transformation

Témoignages des proches de Gage sur ses changements de personnalité.
L'impact psychologique sur Gage lui-même et sur son entourage.

Chapitre 5 : La Signification Scientifique

Les premières interprétations médicales et scientifiques de l'accident.
Le début de la compréhension du rôle des lobes frontaux dans le

comportement.

Chapitre 6 : Héritage et Impact

L'influence du cas de Phineas Gage sur le développement de la neuroscience et de la psychologie.
Les études et recherches ultérieures inspirées par son cas.

Chapitre 7 : Questions Éthiques et Morales

Les réflexions sur les implications éthiques de l'étude d'un cas comme celui de Phineas Gage.
Les considérations morales entourant la publication des détails personnels d'une personne.

Conclusion :

Un résumé des contributions de Phineas Gage à la compréhension du cerveau et du comportement humain.
La place durable de son cas dans l'histoire de la neuroscience et de la psychologie.

Chapitre 1 : La Vie Avant l'Accident

Phineas Gage, un homme dont le nom aurait pu rester dans l'obscurité de l'histoire, était bien plus qu'un simple ouvrier de chantier. Né en 1823 dans le Massachusetts, Phineas a grandi dans une époque de changements effrénés, où les chemins de fer se tissaient comme des artères à travers le tissu naissant de l'Amérique.

Issu d'une famille modeste, Phineas Gage était le deuxième fils de Jesse et de Hannah Gage. Dès son jeune âge, il manifesta un esprit curieux et une détermination qui ne passèrent pas inaperçus. Les récits de ses premières années décrivent un garçon vif d'esprit, avide d'apprendre malgré les rigueurs de la vie quotidienne.

À l'aube de son adolescence, Phineas entra dans le monde du travail. Décrit comme un jeune homme robuste et travailleur, il trouva sa voie dans l'industrie émergente des chemins de fer. Sa carrière décolla rapidement, et il gravit les échelons pour devenir contremaître de chantier, chargé de superviser la construction des voies ferrées qui allaient lier les horizons lointains.

Cependant, Phineas n'était pas seulement un homme de travail acharné. Il était également un compagnon apprécié par ses collègues et amis. Sa personnalité était empreinte de responsabilité et de fiabilité. Il était celui sur lequel on pouvait compter dans les moments difficiles, et son intégrité était incontestée.

Le chapitre 1 nous emmènera plus loin dans la vie quotidienne de Phineas Gage, dévoilant les facettes de sa personnalité, les relations qui l'entouraient, et la façon dont il était perçu par ceux qui le connaissaient de près. Nous découvrirons l'homme derrière le contremaître, tissant ainsi le portrait d'une existence apparemment ordinaire, mais destinée à devenir extraordinaire.

Phineas Gage incarnait l'énergie vigoureuse de son époque, une époque où chaque rail posé, chaque traverse fixée, semblait tisser l'avenir des États-Unis en expansion. Mais derrière l'image du contremaître déterminé se trouvait un homme doté de passions et de relations qui dépassaient les défis du quotidien.

Sa vie personnelle était marquée par des liens étroits avec sa famille, en particulier avec ses sœurs, qui le considéraient comme un protecteur bienveillant. Des lettres d'époque révèlent un Phineas qui, malgré les rigueurs du travail, prenait le temps d'écrire des messages réconfortants à sa mère et à ses frères et sœurs restés au Massachusetts.

Phineas avait également une passion pour les chevaux, des compagnons fidèles qui partageaient son quotidien sur les chantiers de construction. Ses compétences en tant que cavalier étaient reconnues, et il n'était pas rare de le voir s'occuper des chevaux avec une patience et une affection particulières.

Cependant, ce n'était pas seulement au travail et parmi les siens que Phineas Gage laissait sa marque. Son charisme et son sens de l'humour en faisaient un homme apprécié de tous. Les longues journées de labeur étaient souvent ponctuées par des anecdotes racontées par Phineas, qui savait alléger l'atmosphère même dans les moments les plus arduis.

Dans la communauté locale, il était perçu comme bien plus qu'un contremaître. Phineas était le symbole d'une énergie nouvelle, d'une époque où les défis étaient abordés avec détermination et où l'horizon semblait sans limites.

Jeunesse et Débuts dans l'Industrie Ferroviaire

Né dans une famille modeste en 1823, Phineas Gage montra dès son jeune âge une propension pour la résolution de problèmes. Il quitta l'école prématurément pour soutenir sa famille, trouvant rapidement sa voie dans l'industrie en pleine croissance des chemins de fer. Sa carrière débuta modestement, mais sa détermination et ses compétences le propulsèrent rapidement vers des postes de responsabilité.

Sa jeunesse fut marquée par une énergie débordante et une curiosité insatiable. Des récits d'amis d'enfance évoquent un Phineas intrépide, explorant les bois environnants et imaginant les possibilités infinies de l'avenir.

Les Premiers Pas vers le Leadership

Les premières années de Phineas dans l'industrie ferroviaire furent consacrées à apprendre les rouages du métier. Ses compétences techniques, sa compréhension du terrain et sa capacité à prendre des décisions rapides attirèrent l'attention de ses supérieurs. En peu de temps, il passa du statut d'ouvrier à celui de contremaître, chargé de diriger des équipes sur divers chantiers.

Relations et Amitiés

Mais la vie de Phineas ne se limitait pas aux rails et aux traverses. Au fil des années, il développa des amitiés solides avec ses collègues, des liens forgés dans le creuset des défis quotidiens. Les témoignages de l'époque décrivent un homme généreux, prêt à aider ses camarades en difficulté, un homme dont la camaraderie était aussi solide que l'acier qu'il manipulait.

Sa vie sociale s'étendait au-delà du monde du travail. Les rencontres dans les tavernes locales et les rassemblements communautaires étaient l'occasion pour Phineas de partager des moments de détente et de rire avec ses amis.

Les Défis de la Vie Quotidienne

Bien que Phineas Gage ait atteint des sommets professionnels, sa vie n'était pas exempte de défis. Les longues heures de travail, les conditions difficiles sur les chantiers de construction, et les inévitables séparations familiales marquaient sa vie quotidienne. Cependant, Phineas faisait face à ces défis avec une résilience qui le distinguait, une détermination à surmonter les obstacles qui se dressaient sur son chemin.

Ainsi, avant que le destin ne prenne un virage inattendu, Phineas Gage était bien plus qu'un homme de travail acharné. Il était un fils, un frère, un ami, et un leader dans l'industrie en pleine expansion des chemins de fer. La toile de sa vie était tissée de relations, de succès et de défis, préparant le terrain pour l'événement qui allait bouleverser son existence et captiver le monde entier.

La Quête de l'Équilibre

Au-delà de son engagement professionnel et de ses relations sociales, Phineas aspirait également à trouver un équilibre dans sa vie. Ses moments de solitude étaient consacrés à la réflexion et à la recherche de sens dans un monde en mutation rapide. Des notes personnelles laissées par Phineas suggèrent un homme profondément introspectif, cherchant à comprendre sa place dans un univers en constante évolution.

Le Chantier de la Vie

Ainsi, le tableau de la vie de Phineas Gage se dessine comme un vaste chantier, où chaque jour apporte son lot de défis, de réalisations et d'interactions humaines. L'acier de sa détermination forgeait les rails de son destin, tandis que les rencontres et les relations formaient les traverses qui le soutenaient.

À la fin de chaque journée de labeur, Phineas regagnait son chez-soi, non seulement en tant que contremaître respecté mais aussi en tant qu'homme complexe, forgé par les expériences de la vie quotidienne.

Le Crépuscule Avant l'Aube

Et ainsi, le chapitre de sa vie avant l'accident touche à sa fin. Le soleil se couche sur une journée comme tant d'autres, mais le destin de Phineas Gage s'apprête à connaître un bouleversement qui transcendera le quotidien pour s'inscrire dans l'histoire.

Dans les pages à venir, nous suivrons Phineas alors qu'il traverse l'inimaginable, explorant les ramifications de cet événement extraordinaire sur l'homme qu'il était devenu. Un homme dont la vie, bien qu'ancrée dans la réalité de son époque, allait devenir une énigme fascinante, suscitant la curiosité et l'émerveillement de générations à venir.

Chapitre 2 : L'Accident

La nuit était tombée sur la petite ville de Cavendish, au Vermont, ce 13 septembre 1848. Le chantier de construction de chemins de fer, autrefois animé par l'effervescence des travailleurs, était désert. Phineas Gage, le contremaître respecté, s'apprêtait à mettre un terme à une journée de labeur intense.

L'air était chargé d'une atmosphère tranquille, mais l'instant suivant allait faire basculer la vie de Phineas dans l'inconnu. Un simple instant allait devenir le point de départ d'une transformation profonde et d'une énigme médicale qui captiverait l'imaginaire collectif.

Le Fer et la Foudre

Alors qu'il supervisait la préparation du terrain pour la pose des rails, Phineas manipulait un instrument qui allait sceller son destin. Un fer de 3 pieds de long, 1,25 pouce de diamètre, destiné à tasser la poudre explosive dans le sol, était entre ses mains. Ce simple outil allait devenir le vecteur d'un événement extraordinaire.

Un moment d'inattention, une étincelle de hasard, et le fer pénétra le sol avec une force surprenante. Le destin joua son tour, propulsant la tige de fer directement à travers la tête de Phineas Gage, perforant son crâne de part en part.

L'Instant Suspendu

Le temps sembla se suspendre alors que Phineas, contremaître intrépide, se tenait là, transpercé par l'outil qui avait été son compagnon quotidien. Ses collègues, témoins médusés de cet événement, n'auraient pu imaginer les conséquences qui découleraient de ce tragique accident.

La vie, qui venait d'être marquée par la routine quotidienne du travail acharné et des relations bienveillantes, basculait dans l'inconnu. Phineas Gage, homme de fer devenu homme perforé, allait devenir un cas unique dans l'histoire médicale, une énigme humaine dont les répercussions dépasseraient l'imaginaire collectif de son époque.

Le Souffle de la Survie

Contre toute attente, Phineas ne s'effondra pas. La tige de fer, après avoir traversé son crâne, s'éleva dans l'air, portant avec elle des fragments de matière cérébrale. Phineas resta debout, conscient, bien que transformé.

Son destin avait été réécrit en un instant. Le souffle de la survie l'accompagnait, mais les séquelles invisibles de cette rencontre tragique allaient se manifester de manière inattendue. L'homme qui avait été Phineas Gage allait maintenant devenir une énigme vivante, ouvrant une fenêtre sur les mystères de la fonction cérébrale et de la personnalité humaine.

Ainsi débutait le chapitre inattendu de la vie de Phineas Gage, un chapitre dont les pages révéleraient des aspects insoupçonnés du cerveau humain et changeraient à jamais la manière dont la science percevait les liens entre le physique et le psychologique.

La Transformation Instantanée

Le témoignage des collègues présents sur le chantier ce jour-là révèle l'étrangeté de la scène. Phineas, blessé de manière spectaculaire, regardait autour de lui, conscient de la gravité de sa situation mais loin d'être accablé. Il parlait, bougeait, comme si le fer ne l'avait pas traversé, comme si son cerveau n'avait pas été directement atteint.

Cependant, ce qui était moins évident à l'époque, c'était que cette tige de fer avait non seulement pénétré son crâne, mais elle avait également traversé les lobes frontaux de son cerveau. Les lobes frontaux, aujourd'hui connus pour leur rôle dans le contrôle des émotions et du comportement social, étaient altérés de manière irréversible.

Les Conséquences Imprévues

Dans les jours qui suivirent, les conséquences de l'accident commencèrent à se manifester de manière plus évidente. Phineas, autrefois décrit comme un homme calme et réservé, subit une transformation radicale de sa personnalité. Il devint impulsif, agressif, incapable de gérer ses émotions de la manière dont il le faisait autrefois.

Les collègues et amis qui le connaissaient bien furent stupéfaits par ces changements soudains. Le contremaître respecté était devenu un homme méconnaissable, luttant pour maintenir des relations normales et s'adaptant à une nouvelle réalité qui lui échappait.

La Fascination des Médecins

Les médecins locaux, initialement interloqués par la survie de Phineas, se trouvèrent désormais face à un cas médical inédit. Les récits de cette époque décrivent leur fascination pour cet homme dont le cerveau avait été directement atteint, mais qui continuait à vivre.

Des observations plus poussées révélèrent des altérations importantes dans le comportement de Phineas, offrant aux médecins un aperçu sans précédent des connexions complexes entre le cerveau et la personnalité. Les événements de ce jour funeste à Cavendish déclenchèrent une révolution dans la compréhension médicale du cerveau et jetèrent les bases de la neuroscience moderne.

Le Commencement d'une Odyssée

Ainsi débutait l'odyssée de Phineas Gage, un homme dont le destin s'était entrelacé avec la science d'une manière qu'il n'aurait jamais imaginée. Les pages suivantes de son histoire allaient explorer les profondeurs de son être transformé, révélant les mystères cachés derrière les cicatrices invisibles de son cerveau.

Dans les chapitres à venir, nous naviguerons à travers les méandres de la récupération et des découvertes médicales, explorant comment un simple accident de travail allait marquer à jamais la compréhension de ce qui fait de nous des êtres humains.

Les Jours Sombres de la Récupération

Au lendemain de l'accident, la vie de Phineas Gage entra dans une phase de récupération parsemée de défis insurmontables. Les maux de tête constants, les perturbations du sommeil et les difficultés à se concentrer devinrent son quotidien. Les médecins de l'époque, déconcertés par l'ampleur des changements, s'efforçaient de comprendre la nature complexe des lésions cérébrales.

Phineas, de son côté, lutta pour retrouver un semblant de normalité. Les cicatrices visibles et invisibles de son accident étaient devenues les compagnons indésirables de son existence. Ses relations personnelles, autrefois ancrées dans la stabilité, se détériorèrent face à son comportement de plus en plus impulsif.

Le Chemin de la Découverte Médicale

Alors que les médecins et les chercheurs observaient de près le cas de Phineas Gage, le récit de sa vie devint un terrain d'exploration fascinant pour la compréhension des mécanismes cérébraux. Les avancées de la neuroscience étaient en germe, et l'histoire de Phineas allait devenir un chapitre crucial dans cette quête pour percer les mystères du cerveau humain.

Les premières observations laissaient entrevoir des implications révolutionnaires. Les lobes frontaux, auparavant considérés comme des zones peu significatives, se révélaient être des acteurs clés dans la régulation de la personnalité et du comportement. La plasticité du cerveau, sa capacité à s'adapter à des lésions sévères, devenait évidente à travers le parcours de Phineas.

Entre l'Homme et la Légende

Au fil du temps, la vie de Phineas Gage prit une tournure inattendue. Les circonstances de son accident et les changements profonds qu'il avait subis attirèrent l'attention au-delà des cercles médicaux. Il devint une figure mythique, un homme dont le destin exceptionnel captivait l'imaginaire du grand public.

Les récits de sa vie se mêlèrent à des éléments de fascination et de mystère, créant une légende qui dépassait la simple exploration médicale. Phineas Gage était devenu bien plus qu'un sujet d'étude ; il était devenu une énigme, un symbole de la fragilité de l'équilibre entre notre nature physique et notre essence psychologique.

Le Paradoxe de la Survie

La survie de Phineas Gage, contre toute logique, continuait de défier les attentes médicales de l'époque. Il vécut encore plusieurs années après son accident, mais la question persistante était de savoir à quel prix. Sa vie était devenue un paradoxe, une démonstration poignante des complexités du cerveau humain et des conséquences imprévues d'une seule journée fatidique.

Ainsi, le chapitre de l'accident et de la survie de Phineas Gage s'inscrivait dans l'histoire médicale comme une énigme irrésolue. Les pages suivantes exploreraient les derniers actes de sa vie et laisseraient entrevoir les réflexions qui perdureraient bien au-delà de son temps.

Chapitre 3 : Survie et Premières Impressions

Un Nouveau Chapitre de Vie

La survie de Phineas Gage après l'accident ne marquait pas seulement la continuité de son existence, mais le début d'un chapitre radicalement différent de sa vie. Les jours qui suivirent sa rencontre improbable avec la tige de fer offrirent un terrain fertile à l'exploration des frontières entre la guérison physique et la reconstruction de l'identité.

Les Séquelles Invisibles

Bien que Phineas ait survécu à l'impact physique immédiat, les séquelles invisibles de l'accident se manifestèrent de manière persistante. Les médecins de l'époque, malgré leurs efforts acharnés, se trouvèrent souvent démunis face à la complexité des changements survenus dans le cerveau de Phineas.

Les maux de tête lancinants, les sautes d'humeur inexpliquées et les difficultés à maintenir des relations normales étaient devenus des compagnons constants de sa vie quotidienne. Phineas naviguait dans une mer d'émotions tumultueuses, essayant de comprendre les contours de sa nouvelle réalité.

Réactions de la Communauté

La communauté de Cavendish, qui avait assisté à l'accident et observé les métamorphoses de Phineas, oscillait entre la perplexité et la fascination. L'homme qu'ils avaient connu comme le contremaître énergique était devenu une énigme humaine, suscitant des questions sur la nature même de l'identité.

Certains voisins éprouvaient de la compassion envers Phineas, tandis que d'autres préféraient le tenir à distance, effrayés par les changements drastiques survenus dans son comportement. Les premières impressions témoignaient de la difficulté de la société à comprendre et à intégrer un individu dont la personnalité semblait avoir été réécrite par les caprices du destin.

Le Défi de l'Autonomie

Phineas, de son côté, faisait face au défi de retrouver une autonomie perdue. Les tâches quotidiennes, autrefois accomplies avec une aisance naturelle, devenaient des épreuves à surmonter. La reconstruction de son identité personnelle s'entremêlait avec la lutte pour retrouver une place dans la communauté.

Sa famille, qui avait témoigné de près de sa transformation, oscillait entre la compassion et la tristesse. Les liens familiaux, autrefois solides, étaient mis à l'épreuve par les exigences constantes de la nouvelle réalité de Phineas.

La Voie de la Résilience

Cependant, au milieu de ces défis insurmontables, émergeaient des étincelles de résilience. Phineas, malgré les tourments intérieurs, trouvait en lui la force de persévérer. Les témoignages de l'époque soulignent sa détermination à reprendre une vie normale, même lorsque chaque jour apportait son lot de difficultés.

Ce chapitre de survie et de premières impressions allait façonner le reste de l'existence de Phineas Gage. Les réponses à ces défis dévoileraient la profondeur de la résilience humaine et jetteraient les bases d'une exploration plus approfondie des liens complexes entre le cerveau, la personnalité et la capacité de surmonter l'adversité.

Le Labyrinthe de l'Adaptation

Au fur et à mesure que Phineas s'efforçait de s'adapter à sa nouvelle réalité, il découvrait les méandres d'un labyrinthe émotionnel. Les hauts et les bas de son parcours post-accident le conduisirent à explorer des aspects méconnus de lui-même.

La résilience de Phineas n'était pas simplement une question de survie physique, mais une exploration constante de sa propre psyché. Chaque jour apportait une nouvelle leçon sur la complexité de la nature humaine et sur la manière dont les individus, même confrontés à des défis déconcertants, pouvaient trouver des ressources intérieures insoupçonnées.

Ainsi, la survie de Phineas Gage se révélait comme bien plus qu'une simple continuation de la vie. C'était un voyage au cœur de la résilience, un voyage qui laisserait des empreintes indélébiles sur l'histoire médicale et sur la compréhension même de ce que signifie être humain.

Chapitre 4 : La Transformation

Les Rouages de l'Évolution

La vie de Phineas Gage, forgée par les événements dramatiques de son passé, s'engageait sur une trajectoire de transformation constante. Les mécanismes de cette métamorphose, à la fois physique et psychologique, devenaient les rouages d'une évolution fascinante.

Exploration des Profondeurs Cérébrales

Les avancées médicales de l'époque, bien que limitées par les connaissances de leur temps, permirent une exploration plus approfondie des profondeurs du cerveau de Phineas. Les médecins, intrigués par les changements dans son comportement, cherchèrent à déchiffrer les mystères des connexions neuronales altérées.

Les premières cartographies cérébrales, rudimentaires comparées aux technologies modernes, dévoilèrent les zones du cerveau touchées par le fer. Ces découvertes marquèrent le début d'une nouvelle ère dans la compréhension des liens entre la structure cérébrale et la personnalité.

Une Identité en Mutation

Phineas, de son côté, se confrontait à une identité en mutation constante. Les récits de l'époque décrivent ses tentatives souvent frustrantes pour réconcilier le passé avec le présent, pour retrouver une cohérence dans une existence devenue un kaléidoscope d'émotions.

Les rencontres avec des psychologues et des spécialistes du

comportement, alors émergents en tant que professionnels, jetèrent une lumière nouvelle sur les mécanismes complexes qui régissaient son être. Les échanges entre Phineas et ces pionniers de la psychologie mettaient en lumière les défis uniques de la reconstruction d'une identité profondément altérée.

Au-delà des Frontières Médicales

La transformation de Phineas Gage dépassait les frontières strictes de la médecine. Elle devenait une histoire humaine, une exploration des limites de la compréhension de soi. Les nuances de sa personnalité en évolution offraient un éclairage sur la fragilité de la psyché humaine et sur la capacité de redéfinir son essence malgré les obstacles.

La société elle-même, en pleine mutation à l'aube de l'ère industrielle, reflétait les métamorphoses de Phineas. Ses expériences alimentaient les débats sur la nature de la responsabilité individuelle et sur la manière dont la société devait traiter ceux dont la vie avait été altérée de manière inattendue.

Les Liens de l'Humanité

Au cœur de cette transformation se trouvaient les liens humains. Les relations de Phineas, autrefois stables, s'étaient reconfigurées dans le sillage de son accident. Des amitiés se formaient, d'autres se dissipaient, laissant place à un réseau complexe de connexions humaines redessinées par les épreuves.

La transformation de Phineas Gage, bien qu'unique dans son ampleur, résonnait avec l'universalité de l'expérience humaine. Elle incarnait le pouvoir de résilience, la capacité de transcender les traumatismes pour forger une nouvelle identité.

Ainsi, le chapitre de la transformation de Phineas Gage s'écrivait dans les pages de l'histoire médicale et humaine, laissant entrevoir les couches profondes de la psyché et les intrications subtiles qui définissent notre humanité.

ARTHUR MONTCLAIR

Chapitre 5 : La Signification Scientifique

Les Fondations de la Neurologie Moderne

L'histoire extraordinaire de Phineas Gage jetait les bases de la neurologie moderne. Les observations minutieuses des médecins de l'époque, bien que limitées par les outils disponibles, ouvrirent la voie à une compréhension plus profonde des liens complexes entre le cerveau et le comportement humain.

La Plasticité Cérébrale Révélée

Les conséquences de l'accident de Phineas dévoilèrent la remarquable plasticité du cerveau. Les scientifiques commencèrent à saisir l'idée que le cerveau, loin d'être figé dans sa structure, pouvait s'adapter et se réorganiser même après des lésions sévères. Cette notion révolutionnaire allait remodeler la manière dont la communauté médicale percevait les capacités régénératives du cerveau humain.

Émergence de la Psychologie du Comportement

Le cas de Phineas Gage joua un rôle central dans l'émergence de la psychologie du comportement en tant que discipline distincte. Les premiers psychologues, influencés par les observations de Phineas et d'autres cas similaires, commencèrent à explorer les liens entre les altérations cérébrales et les changements dans le comportement humain.

L'étude des cas comme celui de Phineas Gage stimula des débats cruciaux sur la nature de la personnalité, du libre arbitre et de la responsabilité. Les frontières entre la biologie et la psychologie se brouillèrent, donnant naissance à une approche plus holistique de la compréhension de l'esprit humain.

Réflexions sur l'Éthique Médicale

Le cas de Phineas Gage suscita des réflexions profondes sur l'éthique médicale. Les questions éthiques entourant le traitement de Phineas, les expérimentations médicales de l'époque et la manière dont la société devait traiter ceux avec des lésions cérébrales graves devinrent des préoccupations centrales.

Les dilemmes éthiques soulevés par le cas de Phineas Gage contribuèrent à l'établissement de normes éthiques plus strictes en médecine et à la reconnaissance de l'importance cruciale de l'informed consent dans la recherche médicale.

Influence sur la Théorie de l'Évolution

Les implications du cas de Phineas Gage s'étendirent même au domaine de la biologie évolutive. Les changements dans le comportement de Phineas, résultant de l'altération de son cerveau, firent écho aux principes de la sélection naturelle de Darwin. Les scientifiques commencèrent à explorer comment les modifications dans le cerveau humain pouvaient influencer la survie et la reproduction, ajoutant ainsi une dimension nouvelle à la compréhension de l'évolution humaine.

Ainsi, le cas de Phineas Gage se révéla être bien plus qu'une simple anecdote médicale. Il devint une source d'inspiration pour des avancées significatives dans plusieurs domaines scientifiques, contribuant à redéfinir notre compréhension de la biologie, de la psychologie et de l'éthique médicale. Ce chapitre explore l'héritage durable de Phineas Gage dans le panorama scientifique et médical.

Chapitre 6 : Héritage et Impact

Les Échos à Travers le Temps

L'histoire extraordinaire de Phineas Gage résonne à travers les époques, laissant un héritage profondément enraciné dans la mémoire collective. Les récits de sa vie, de son accident et de sa transformation continuent d'évoquer l'admiration et l'étonnement, transcendant les frontières du temps.

L'Influence sur la Neurologie Moderne

Le cas de Phineas Gage demeure un pilier fondamental de la neurologie moderne. Les enseignements tirés de son expérience ont façonné notre compréhension de la plasticité cérébrale, influençant les approches contemporaines de la réadaptation après des lésions cérébrales et alimentant la recherche sur les connexions complexes entre le cerveau et le comportement.

Impact sur la Psychologie et la Psychiatrie

Au sein de la psychologie et de la psychiatrie, l'héritage de Phineas Gage perdure. Les débats suscités par son cas ont contribué à l'évolution de la psychologie du comportement, remettant en question et redéfinissant les frontières entre la biologie et la psychologie. Les notions de libre arbitre et de déterminisme, débattues à l'époque de Phineas, continuent d'influencer les discussions contemporaines en psychologie.

Réflexions Éthiques et Normes Médicales

L'impact éthique du cas de Phineas Gage a laissé une empreinte indélébile sur les normes médicales. Les dilemmes éthiques soulevés par son histoire ont inspiré des réformes cruciales dans la conduite de la recherche médicale, renforçant l'importance de l'informed consent et façonnant les principes éthiques qui guident aujourd'hui la relation entre les chercheurs et les participants.

Influence Culturelle et Populaire

Au-delà des sphères académiques, Phineas Gage s'est inséré dans la culture populaire. Son histoire a été racontée, adaptée et réinterprétée de multiples façons, devenant un motif récurrent dans la littérature, le cinéma et même la musique. Les aspects tragiques et fascinants de sa vie continuent d'inspirer des œuvres artistiques explorant la complexité de l'expérience humaine.

L'héritage Immortel d'un Homme Ordinaire

En fin de compte, Phineas Gage, un homme ordinaire dont la vie fut transformée par une journée extraordinaire, laisse derrière lui un héritage immortel. Son nom résonne comme un rappel constant des mystères du cerveau humain, de la résilience face à l'adversité et des leçons éthiques qui continuent de guider la recherche médicale.

Ce chapitre explore les multiples facettes de l'héritage de Phineas Gage, illustrant comment son histoire a transcendé son époque pour devenir une partie intégrante du patrimoine scientifique, culturel et éthique de l'humanité.

Chapitre 7 : Questions Éthiques et Morales

Les Dilemmes Inhérents à l'Histoire de Phineas Gage

L'histoire de Phineas Gage soulève des questions profondes sur l'éthique et la morale, des interrogations qui traversent le temps et défient les perceptions établies. Ce chapitre explore les dilemmes éthiques et moraux inhérents à l'expérience de Phineas et à son impact sur la science, la médecine et la société.

Consentement et Expérimentation Médicale

L'un des dilemmes éthiques centraux de l'histoire de Phineas Gage réside dans les pratiques médicales de l'époque. Comment les décisions des médecins, bien que guidées par les connaissances limitées de leur temps, s'inscrivent-elles dans le contexte éthique actuel de l'informed consent et de la protection des droits des patients ?

Responsabilité et Traitement Social

La transformation de Phineas a également soulevé des questions sur la responsabilité individuelle et le traitement social des personnes touchées par des lésions cérébrales. Comment la société de l'époque a-t-elle traité Phineas après son accident, et quelles leçons pouvons-nous en tirer sur la manière dont nous devrions aborder de tels cas aujourd'hui ?

Déterminisme et Libre Arbitre

Les débats autour du déterminisme et du libre arbitre, entamés à l'époque de Phineas, persistent aujourd'hui. Comment son expérience a-t-elle influencé notre compréhension moderne de la capacité humaine à prendre des décisions, et quels enjeux moraux découlent de cette compréhension ?

L'Éthique de la Représentation Publique

La manière dont l'histoire de Phineas Gage a été représentée dans les médias et la culture populaire soulève des questions éthiques importantes. Comment la narration de son histoire a-t-elle affecté la perception publique des personnes avec des lésions cérébrales, et quelles responsabilités incombent aux conteurs de telles histoires ?

Enseignements Éthiques pour l'Avenir

En examinant ces questions éthiques et morales, ce chapitre vise à tirer des enseignements pour l'avenir. Comment pouvons-nous appliquer les leçons de l'histoire de Phineas Gage pour guider les décisions éthiques dans les domaines de la médecine, de la recherche et de la représentation publique ?

Ce chapitre sert de toile de fond pour des réflexions approfondies sur les implications éthiques et morales de l'histoire de Phineas Gage, invitant le lecteur à considérer les dilemmes éthiques qui continuent de résonner dans notre compréhension moderne de la médecine et de la condition humaine.

Conclusion :

Un Voyage au Cœur de la Condition Humaine.

L'histoire captivante de Phineas Gage, tissée à travers les chapitres précédents, nous a transportés au cœur des mystères du cerveau humain, des défis de la résilience et des dilemmes éthiques qui émaillent notre compréhension médicale. En guise de conclusion, nous réfléchissons sur le voyage de Phineas et sur les leçons intemporelles que son parcours nous offre.

La Complexité du Cerveau Humain

L'histoire de Phineas Gage a agi comme une lanterne, éclairant les méandres complexes du cerveau humain. Sa transformation post-lésion a dévoilé la capacité étonnante du cerveau à s'adapter, tout en soulignant les limites de notre compréhension. À travers ses yeux, nous avons contemplé la fragilité et la robustesse intrinsèques à la condition humaine.

La Résilience Face à l'Adversité

Phineas, témoin et protagoniste d'un drame inattendu, incarne la résilience humaine. Son parcours, jalonné d'obstacles imprévus, souligne la force intérieure nécessaire pour affronter l'adversité. Au-delà des lésions cérébrales, son histoire devient un récit universel de la lutte pour trouver un sens, un équilibre et une nouvelle normalité après des moments dévastateurs.

Les Frontières Éthiques de la Médecine et de la Recherche

Le cas de Phineas Gage nous a également confrontés aux frontières éthiques de la médecine et de la recherche médicale. Ses expériences ont été des catalyseurs pour des réformes éthiques cruciales, nous rappelant que chaque avancée médicale doit être guidée par la responsabilité envers ceux qui participent aux explorations des territoires inconnus de la science.

Les Réflexions sur le Libre Arbitre et le Déterminisme

Les débats philosophiques entourant le libre arbitre et le déterminisme, entamés à l'époque de Phineas, persistent comme des échos dans nos réflexions modernes. Son histoire nous a forcé à examiner la délicate danse entre les choix individuels et les influences biologiques, jetant une lumière pénétrante sur les fondements de notre compréhension de la volonté humaine.

Le Legs Durable de Phineas Gage

Alors que nous refermons ce récit, le legs de Phineas Gage persiste. Il persiste dans les laboratoires de neurologie, dans les salles de classe de psychologie, et dans les salons où des histoires fascinantes sont partagées. Il persiste dans notre compréhension évolutive de l'éthique médicale et dans la manière dont nous abordons les récits de vies altérées par des circonstances extraordinaires.

La Beauté de l'Humain dans l'Extraordinaire et l'Ordinaire

En fin de compte, l'histoire de Phineas Gage nous rappelle la beauté profonde de l'humain, encapsulée dans l'extraordinaire et l'ordinaire. Elle nous enseigne que même dans les moments les plus sombres, la lumière de la résilience peut éclairer notre chemin.

Que son parcours continue d'inspirer, de susciter la réflexion et de guider ceux qui, comme lui, sont confrontés aux complexités de la condition humaine. Ce chapitre final marque la fin de cette exploration, mais le début d'une réflexion continue sur les mystères fascinants qui définissent notre humanité.

Remerciements

Chers lecteurs,

C'est avec une profonde gratitude que je clôture le récit captivant de Phineas Gage, "L'Homme qui a Changé son Cerveau". Ce voyage dans l'histoire fascinante de Phineas et les leçons qu'elle offre n'aurait pas été possible sans le soutien et l'encouragement de nombreux individus
exceptionnels.

Tout d'abord, je tiens à remercier chaleureusement
Jack et Beverly Wilgus, dont la générosité a permis l'utilisation de la photo qui orne ces pages, provenant de leur collection et maintenant au Warren Anatomical
Museum, Harvard Medical School.

Un immense merci à tous ceux qui ont partagé leurs connaissances, leur expertise et leur passion pour l'étude du cerveau humain. Vos contributions ont enrichi ce récit et ont contribué à donner vie à l'extraordinaire histoire de Phineas Gage.

Je saisis également cette occasion pour exprimer ma reconnaissance envers mes proches, ma famille et mes amis, qui ont été une source constante de soutien et d'inspiration tout au long de ce voyage littéraire.

Enfin, un appel spécial à vous, chers lecteurs. Merci de vous être plongés dans cette histoire et d'avoir partagé ce moment avec moi. Vos retours et votre passion ont été les moteurs de cette aventure, et je suis profondément reconnaissant.

Pour rester connectés et être informés de mes prochains projets, je

vous invite à visiter mon site web :
www.arthurmontclair.fr. C'est là que nous pourrons continuer
à partager des réflexions, des annonces exclusives et, bien
sûr, discuter de notre passion commune pour la découverte et
l'apprentissage.

Votre enthousiasme me motive pour le prochain chapitre de notre
exploration littéraire. Restons connectés, et ensemble, créons de
nouvelles histoires qui éveillent la curiosité et nourrissent notre
soif de connaissance.

Avec gratitude,

Arthur Montclair

www.ingramcontent.com/pod-product-compliance
Lightning Source LLC
LaVergne TN
LVHW051752050326
832903LV00029B/2872